Fra

CW00406447

Arkitekturens værksteder
The Architect's Studio

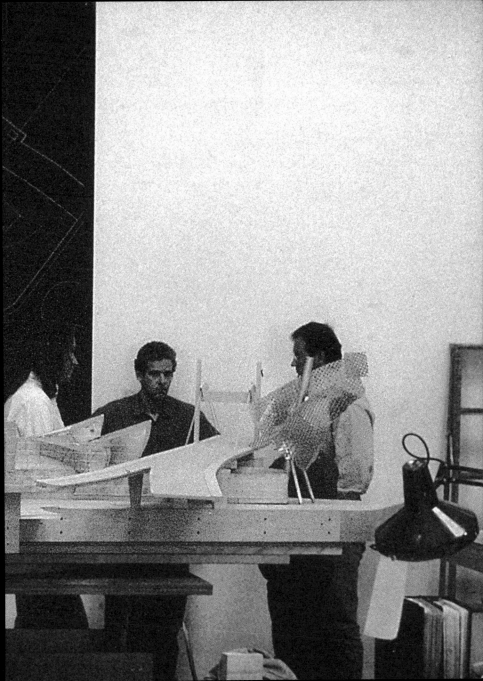

Udgivet i anledning af udstillingen
Arkitekturens værksteder: FRANK O. GEHRY på Louisiana Museum
for moderne kunst, *14. november 1998 - 7. februar 1999*

Published on the occasion of the exhibition
The Architect's Studio: FRANK O. GEHRY at the Louisiana Museum
of Modern Art, *14th November 1998 - 7th February 1999*

Curators: Kjeld Kjeldsen, Kirsten Kiser
Assistant curator: Kirsten Degel

I samarbejde med/*In cooperation with*

MARGOT OG THORVALD DREYERS FOND

Indhold

Contents

Forord

Preface

I samarbejde med *Margot og Thorvald Dreyers Fond* har Louisiana taget initiativ til en udstillingsserie med titlen *Arkitekturens værksteder*. Det er vores ønske her ved overgangen til et nyt århundrede at fokusere på nogle af de mest banebrydende arkitekter, der præger arkitekturscenen netop nu, og som vil være toneangivende ind i det næste århundrede.

Udstillingsserien er udformet som en række atelierudstillinger, der sætter fokus på arkitekternes arbejdsproces og deres formverden og herigennem forsøger at række videre end mange andre arkitekturudstillinger. Gennem et tæt samarbejde med den enkelte arkitekt får udstillingerne herved karakter af arkitekturlaboratorier.

Det er naturligt at indlede udstillingsserien med en præsentation af den amerikanske arkitekt *Frank O. Gehrys* projekter og arbejdsmetoder. På grund af sit ekspressive og ofte provokerende formsprog har han skabt

In cooperation with the foundation *Margot og Thorvald Dreyers Fond* Louisiana has taken the initiative to hold a series of exhibitions entitled *The Architect's Studio*. On the threshold of a new century, we want to focus on some of the most ground-breaking architects who are influencing the architectural scene right now, and who will be pace-setters for the next century.

The series takes the form of a number of studio exhibitions which will turn the focus on the architects' working processes and their world of form, and thus try to reach further than many other architectural exhibitions. Thanks to close co-operation with the individual architects, the exhibitions will take on the character of "architectural laboratories".

It is natural to launch the exhibition series with a presentation of the American architect *Frank O. Gehry's* projects and his working methods.

debat om arkitekturen i 90erne, senest i forbindelse med åbningen af Guggenheim Museet i Bilbao, som har vakt opmærksomhed verden over.

Udstillingen på Louisiana præsenterer nogle af Gehrys nyeste, igangværende byggeprojekter, blandt andre Walt Disney Concert Hall i Los Angeles, DG Banks hovedsæde i Berlin og Experience Music Project i Seattle. Projekternes tilblivelsesproces illustreres gennem skitser, modeller, computergrafik og videooptagelser – et omfattende materiale, som for første gang vises uden for Frank O. Gehrys tegnestue. Udstillingen giver hermed en enestående mulighed for at følge Gehrys mange-facetterede arbejdsproces på nært hold.

Frank O. Gehry fastholder sine første idéudkast i hurtigt nedfældede skitser, mens det egentlige kompositionsarbejde sker i det efterfølgende arbejde med modeller.

His expressive and often provocative formal idiom has stimulated a great deal of debate on the architecture of the nineties, most recently in connection with the opening of the Guggenheim Museum in Bilbao, which has aroused attention all over the world.

The exhibition at Louisiana presents some of Gehry's current building projects, including the Walt Disney Concert Hall in Los Angeles, the DG Bank Headquarters in Berlin and the Experience Music Project in Seattle. The genesis of the projects is illustrated by sketches, models, computer graphics and videos – an extensive body of material that is shown for the first time outside Frank O. Gehry's drawing office. The exhibition is thus a unique opportunity to follow Gehry's multi-faceted working process at close quarters.

Frank O. Gehry captures his initial ideas in quick sketches, while the

På Gehrys tegnestue i Los Angeles myldrer det med modeller i alle størrelser fra forskellige stadier i projekteringsprocessen. Størsteparten af de 130 medarbejdere på hans tegnestue er ansat som modelbyggere, der er beskæftigede med løbende at udforme og tilrette modellerne efter Frank O. Gehrys ønsker. Men også computeren er i de seneste år blevet et afgørende arbejdsredskab til at virkeliggøre hans ideer. Ved hjælp af computerprogrammet CATIA, der er hentet fra den franske flyindustri, kan de komplicerede former nu afprøves og viderebearbejdes direkte på skærmen samt efterfølgende oversættes til nøjagtige arbejdstegninger og konstruktionsberegninger.

Udstillingen er specielt skabt til Louisiana. Den er blevet til i et samarbejde mellem Frank O. Gehry, Louisiana og arkitekt Kirsten Kiser, som i en længere periode har opholdt sig på Gehrys tegnestue i forbin-

real composition is done during the subsequent work with models.

Gehry's drawing office in Los Angeles is thus chock-a-block with models of all sizes from different stages of the project planning. Most of the staff of 130 at the drawing office are employed as model-builders, dealing with the ongoing shaping and adaptation of the models to Frank O. Gehry's wishes. But over the past few years the computer too has become a crucial tool for realizing his ideas. With the aid of the computer programme CATIA, originally used in the French aerospace industry, the complex forms can now be tested and further elaborated directly on-screen and later converted into accurate working drawings and construction calculations.

The exhibition was created especially for Louisiana as a collaboration among Frank O. Gehry, Louisiana and the architect Kirsten Kiser, who has

delse med indsamlingen og udvælgelsen af det store materiale.

Uden en tæt dialog med Frank O. Gehry og hans tegnestue ville en så omfattende og unik udstilling ikke have kunnet lade sig realisere. Vi vil således rette en varm tak til Frank O. Gehry, hans kone Berta Gehry, arkitekt Keith Mendenhall samt tegnestuens øvrige medarbejdere for generøst at have stillet det enestående materiale til rådighed for udstillingen – det gælder endog projekter, som endnu er i tilblivelsesfasen.

En speciel tak til Kirsten Kiser for hendes utrættelige engagement i udstillingen og til udstillingens faglige medarbejder Kirsten Degel, som ligeledes er redaktør af dette katalog.

Også tak til udstillingens tekniske sponsorer *TIMET Architectural Titanium, A. Zahner Company Architectural Metal* og *Thomson Consumer Electronics.*

spent an extended period at Gehry's drawing office gathering and collecting the large selection of material.

Without a close dialogue with Frank O. Gehry and his drawing office a comprehensive and unique exhibition like this could not have been realized. So we would first and foremost like to bring our warmest thanks to Frank O. Gehry, his wife Berta Gehry, the architect Keith Mendenhall and all the other people at the drawing office for generously making this unique material available for the exhibition – even material from projects that are still in the seminal phase.

Special thanks to Kirsten Kiser for her unflagging commitment to the exhibition and to our staff expert Kirsten Degel, who is the editor of this catalogue as well.

Also, we thank the technical sponsors of the exhibition, *TIMET*

Afslutningsvis skal rettes en særlig tak til *Margot og Thorvald Dreyers Fond,* der økonomisk har gjort udstillingsrækken Arkitekturens værksteder mulig, og til NYKREDIT, som er Louisianas hovedsponsor i 1997-99.

Kjeld Kjeldsen

Architectural Titanium, A. Zahner Company Architectural Metal, and *Thomson Consumer Electronics.*

And finally, we extend our sincerest thanks to the foundation *Margot og Thorvald Dreyers Fond* which has made the exhibition series The Architect's Studio financially possible, and to NYKREDIT, Louisiana's main sponsor in 1997-99.

Kjeld Kjeldsen

Frank O. Gehry

Af Nicolai Ouroussoff

Frank O. Gehry

By Nicolai Ouroussoff

Vi skruer tiden tilbage til 1978, Santa Monica, Californien. Én efter én passerer fløden af Amerikas kulturelite gennem et lille hus på hjørnet af Washington Street og 22nd Street. Philip Johnson, amerikansk arkitekturs doyen, kigger indenfor, fulgt af popkunstnerne Jasper Johns, Claes Oldenburg og Coosje van Bruggen. Avantgardemusikeren Philip Glass og billedhuggeren Richard Serra følger trop.

De kommer alle for at se en lille lyserød bungalow i Cape Cod-stil, som en lidet kendt arkitekt respektløst har splittet ad og bygget op igen. Husets oprindelige mure er brudt igennem, flere af væggene står i den rå puds, og hele historien er pakket ind i en hud af bølget metal, trådnet og ubehandlet krydsfiner – efter nogles mening en genial metafor for fragmenteringen af det typisk sydcaliforniske forstadslandskab.

I mytologien omkring Frank O. Gehry repræsenterer hans hus den

Let's go back to 1978, Santa Monica, California. One by one, the cream of America's cultural elite is parading through a little house on the corner of Washington and 22nd Streets. Philip Johnson, the dean of American architecture, drops by and later, the pop artists Jasper Johns, Claes Oldenburg and Coosje van Bruggen. So do the avant-garde musician Philip Glass and the sculptor Richard Serra.

They are all there to see a small pink Cape Cod-style bungalow that a little-known architect has joyfully torn apart and rebuilt. Its original shell is pierced, many of its stud walls are left bare and the whole thing is wrapped in a second skin of corrugated metal, chain link and raw plywood – a brilliant metaphor, some thought, for the fragmentation of the typical Southern California suburban landscape.

In the mythology that surrounds Frank O. Gehry, his house is the

GEHRY HOUSE, SANTA MONICA, 1977–1978

first of three critical moments in the development of a radical new architecture. The second occurs more than a decade later, when Gehry designed the Vitra Design Museum in Weil am Rhein in Germany, seemingly abandoning his rough, fragmented designs for a new, increasingly sensuous and sculptural architectural language. And the third, of course, is the opening of Gehry's Guggenheim Museum in Bilbao in Spain, a building that less than a year after its unveiling has already been hailed as one of the greatest of the 20th century.

Through all of this, Gehry's work has come to symbolize the social fragmentation of contemporary life and, by extension, a more liberated social order. Yet if Gehry is an anarchist in search of freedom, he has always been an anarchist with a pragmatic bent. His search is firmly rooted in the banalities of everyday life. His task is to question that life, to

første af tre afgørende faser i udviklingen hen imod en radikalt ny arki-
tektur. Den anden indtræffer mere end et tiår senere, da Gehry tegnede
Vitra Design Museum i Weil am Rhein i Tyskland, hvor han tilsyneladende
lod det rå og fragmenterede udtryk bag sig til fordel for et nyt og stadig
mere sensuelt og skulpturelt arkitektonisk formsprog. Tredje fase er
naturligvis åbningen af Gehrys Guggenheim Museum i Bilbao i Spanien,
et bygningsværk, som mindre end et år efter præsentationen allerede
hyldes som et af de betydeligste i det tyvende århundrede.

Gennem hele forløbet er Gehrys værk kommet til at symbolisere
den fragmenterede samtid og – i forlængelse heraf – en friere social
orden. Men hvis Gehry er anarkistisk i sin søgen efter frihed, har han
altid været anarkist med en drejning mod det pragmatiske. Hans
bestræbelser har rødderne fast forankret i dagliglivets trivialiteter. Det er

VITRA DESIGN MUSEUM, WEIL AM RHEIN, 1987-1989

BENSON HOUSE, CALABASAS, 1981-1984

ask us to reexamine the way we live. He has succeeded to a degree unimaginable 20 years ago.

To understand the mind of Gehry, it is worth examining his methods. Despite the flamboyant forms, Gehry begins all his designs pragmatically, working from the inside out. He uses simple wood blocks to represent the building's program – a bedroom, a living room, a garage – and then assembles them in unexpected ways. Later, he molds his forms around these blocks, taping them together, tearing them apart again, before articulating more complex forms.

The blocks, however, are more than a working tool. They signify an underlying desire to root his work in the real world. Architecture is where art and the practical meet. Like most great architects, Frank O. Gehry straddles the border between that practical world

hans opgave at sætte spørgsmålstegn ved dette liv, at opfordre os til at tage vores måde at leve det på op til revision. Det er lykkedes ham i en grad, som var utænkelig for 20 år siden.

For at forstå Gehrys intentioner er det værd at studere hans metoder. Trods de ekstravagante former går Gehry i alle sine projekter ud fra det funktionelle, arbejder sig indefra og ud. Han benytter enkle træklodser til at markere bygningens disposition – et soveværelse, en opholdsstue, en garage – og sætter dem sammen på uventede måder. Senere modellerer han sine former omkring klodserne, sætter dem sammen med tape, skiller dem igen, og når efterhånden frem til mere komplekse former.

Men klodserne er ikke blot et arbejdsredskab. De repræsenterer et underliggende ønske om at rodfæste værket i det virkelige liv. Arkitektur

and the possibilities that lie just beyond, seemingly out of reach.

Gehry's early works are often perfect diagrams of these methods. In Gehry's now famous Santa Monica house, he wrapped the original structure in a second skin of disjointed forms, tearing some of the original walls open to expose their structure, leaving others intact. But the tension between the two – the old and the new – remains evident as you move through it. The house has the rawness of a construction site, as if it were frozen in a process of transformation.

In other early, ground-up projects, those same tensions are often manufactured. In his design for the Benson House, a low-budget commission on a hillside site in Calabasas, completed in 1984, Gehry broke the house apart into three distinct structures, isolating the bedrooms in one and the shared living spaces in another. The third serves as

er stedet, hvor kunst og praktisk anvendelse mødes. Som de fleste store arkitekter balancerer Frank O. Gehry på æggen mellem den praktiske verden og løsninger, som ligger lige på den anden side af grænsen, tilsyneladende uden for rækkevidde.

Gehrys tidlige værker er ofte perfekte diagrammer over disse metoder. I sit nu berømte hus i Santa Monica pakkede han den oprindelige konstruktion ind i en ekstra hud af usammenhængende former, rev forskalling og puds af nogle vægge for at blotlægge konstruktionen og lod andre stå urørte. Men spændingen mellem de to – det gamle og det nye – er tydeligt bevaret, når man bevæger sig gennem huset. Huset virker råt som en byggeplads, som var det frosset midt i forvandlingsprocessen.

I andre tidlige værker har Gehry bevidst opbygget tilsvarende

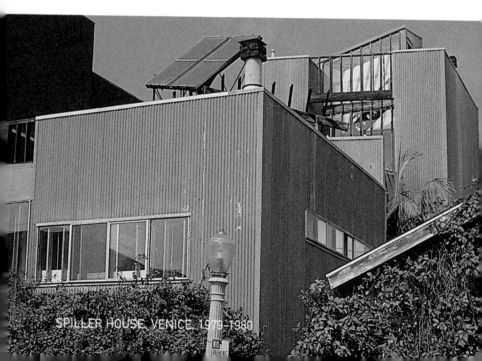

SPILLER HOUSE, VENICE, 1979-1980

spændinger fra grunden. Da han byggede Benson House, et low-budget projekt på en bjergskråning i Calabasas, færdiggjort i 1984, brød han huset op i tre distinkte moduler, idet han samlede soveværelserne i ét og de fælles opholdsarealer i et andet. Det tredje modul er bygget ind i skråningen under indkørslen til huset. Til sidst blev bygningerne – beklædt med billige asbestplader – forbundet med udvendige trapper og gangbroer af fritliggende, ubehandlet tømmer, så det ligner nogle banale skure, man umærkeligt har omgrupperet og vævet sammen til en vidunderligt skulpturel helhed.

I et andet nøgleprojekt fra samme periode, Spiller House i Venice, der blev færdiggjort i 1980, brød han huset op i to diskrete enheder omkring en gård og passede det ind på en smal grund en gade fra stranden. Da grunden var så snæver, skabte Gehry et dramatisk vertikalt

a base for the driveway. The buildings – clad in cheap asbestos shingles – were then connected by a series of exterior stairs and bridges made of exposed rough carpentry, as if the most banal sheds were gently reconfigured and woven together into a wonderful sculptural whole.

In yet another key project from that time, the Spiller House in Venice, completed in 1980, he broke the house into two discreet units joined by a courtyard and wedged it into a narrow lot a block from the beach. Because the lot was so tight, Gehry created dramatic vertical interiors out of crude industrial materials that spiraled up to outdoor terraces, occasionally puncturing the house's outer skin.

In both, the tension between these simple forms gives the projects a remarkable compositional beauty, while suggesting a more fragmented – and liberated – vision of family life. And they were a way

interiør af ubehandlede, industrielle materialer, som snor sig op mod åbne terrasser og hist og her stikker frem gennem husets ydermure.

I begge eksempler giver spændingerne mellem de enkle former projekterne en slående kompositorisk skønhed, samtidig med at de visionært antyder et mere fragmenteret – og mindre bundet – familieliv. Og de viser, hvordan det er muligt at opløfte de banale elementer i en typisk forstadsbebyggelse til kunst.

Alt imens Gehrys værk bevægede sig hen imod sin nuværende form, holdt han fast ved sine grundlæggende ideer. Under arbejdet med Yale Psychiatric Institute i New Haven fra 1989 flyttede Gehry i det væsentlige stadig rundt på sine diskrete klodser, men formerne var klarere, eller mere forfinede, om man vil. Men samtidig befandt Gehry sig ved en korsvej. Han tegnede nu bygninger i offentlig skala. Og lige så vigtigt: han

to elevate the banalities of the typical urban landscape into art.

As Gehry's work matured, his approach to design remained unchanged. In his design for the Yale Psychiatric Institute in New Haven from 1989, for example, Gehry was still essentially manipulating discreet blocks, but the forms were now becoming cleaner, or refined. But by that time, however, Gehry was at a crossroad. He was now designing buildings on a civic scale. Just as important, he was tinkering with more voluptuous forms. At the Vitra Design Museum in Weil am Rhein from 1989, he melted his disjointed structures into a more cohesive whole, with large rooms twisted upwards around the building's exterior. The forms, however, were becoming increasingly difficult to translate into working drawings.

Those pressures drove Gehry to buy his first computer system,

NORTON HOUSE, VENICE, 1983-1984

CATIA, a software program that had been used by French engineers to design the Mirage Fighter. Gehry says he first experimented with the system on two projects: the 1992 design for the enormous stainless steel-clad fish that hovers over the retailcourt of the Hotel Arte in Barcelona and in the 1992 version of his design for Los Angeles' Walt Disney Concert Hall.

The Concert Hall project is telling. In the 1988 competition-winning design, the building – despite the fact that it is twisted aggressively on the site – is surprisingly static and symmetrical. Its main feature is a massive foyer covered with a bowed metal frame that looms over an enclosed exterior plaza. In the post-computer version, massive curved stone panels are layered over the concert hall's internal shell. The change is in the increasingly sculptural language of the stone plates, which suddenly

var begyndt at eksperimentere med mere frodige former. I Vitra Design
Museum i Weil am Rhein fra 1989 smeltede han sine fragmentariske
strukturer sammen i et mere sammenhængende hele med store rum i
opadgående spiral langs bygningens ydermure. Men formerne blev
stadig vanskeligere at overføre til arbejdstegninger.

Disse krav tvang Gehry til at købe sit første computersystem, CATIA,
et software-program, som franske ingeniører havde benyttet ved udform-
ningen af Mirage flyet. Ifølge Gehry selv eksperimenterede han første
gang med systemet i forbindelse med to projekter: med den enorme fisk
i rustfrit stål fra 1992, som svæver over forretningsarealet på Hotel Arte i
Barcelona, og med hans 1992-udgave af Walt Disney Concert Hall i Los
Angeles.

Koncertsalsprojektet er interessant. I Gehrys oprindelige vinderpro-

LEWIS HOUSE, CLEVELAND, 1989

jekt fra 1988 er bygningen – trods dens aggressive, forvredne former – overraskende statisk og symmetrisk. Omdrejningspunktet er en massiv foyer overdækket af en buet metalkonstruktion, som hvælver sig over en lukket, udvendig plads. I versionen efter anskaffelsen af computeren er koncertsalens indre skal beklædt med massive, buede stenforskallinger. Forskellen ligger i stenskallernes mere skulpturelle formsprog, der lader cirkulationen strømme frit gennem husets rum for til sidst at åbne sig mod haven udenfor.

Det mest bemærkelsesværdige ved dette formsprog er imidlertid, hvor ubesværet det kunne tilpasses Gehrys sædvanlige arbejdsproces. Nu kunne han bygge og afprøve sine modeller, punkt for punkt, direkte på computeren. På den måde var han i stand til let at udarbejde komplekse arbejdstegninger nøjagtigt svarende til modellerne. Computeren

DG BANK, BERLIN, 1995

fungerede som et redskab til at virkeliggøre hans visioner, men ikke som en integreret forudsætning for at skabe formerne.

Intetsteds er denne frihed så åbenbar som i Gehrys outrerede design til et hus til forretningsmanden Peter Lewis i udkanten af Cleveland. Huset er et virvar af forvredne rum, som synes at brede sig over hele grunden. Projektet var færdigt i 1995, men huset blev aldrig bygget. Men for Gehry betød det et veritabelt laboratorium for formelle eksperimenter. Basiskonstruktionen for husets opholdsstue, for eksempel, der hæver sig over resten af byggeriet som et gigantisk hestekranie, dukker op igen som forhal i Gehrys udkast til DG Banks hovedsæde på Pariser Platz i Berlin, nu under opførelse.

Men Gehry er i tilsvarende grad opmærksom på farerne, som denne frihed indebærer. Vi lever i en tid, hvor den post-industrielle metropol,

become ways of loosening up the circulation through the various foyers and then visually opening it up to the exterior garden.

What is remarkable about the experience, however, is how smoothly it could be adopted to Gehry's existing design process. He could now build his models and plot them, point by point, directly into the computer. As such he was able to produce complex working drawings that exactly matched his study models with ease. The computer functioned as a tool for realizing his visions, not as an integral ingredient in making forms.

Nowhere is that freedom more visible than in Gehry's delirious design for a house for the businessman Peter Lewis on the outskirts of Cleveland. The house is a jumble of contorted rooms that seem to spill all over the site. The design was completed in 1995, but it was never built. Yet for Gehry, it became a virtual laboratory for formal experimentation.

hvorfra Gehry henter næring til sin fantasi, er ved at forvandle sig til en temapark af overfladiske billeder og smart udtænkte miljøer. Gehry er fast besluttet på ikke at hoppe på den trend. Besøger man hans tegnestue i dag, ser den stort set ud, som den altid har gjort. Rummene er pakket med skalamodeller af varierende størrelse. Modeller af papir, pap, træ, plastic bliver hele tiden pillet fra hinanden og tapet sammen igen. Her hersker både stor skønhed og en stærk følelse af de voldsomme kræfter, der skal til for at skabe noget.

Oversat af Per-Oluf Avsum

The structural frame of the house's living room, for example, which looms over the project like the giant skeleton of a horse's head, reappears as an entry hall in Gehry's design for the DG Bank Headquarters in Berlin's Pariser Platz, now under construction.

Yet Gehry is equally conscious of the dangers that freedom implies. We live in an age where the post-industrial metropolis that informs much of Gehry's imagination is being transformed into a theme park of facile images and slickly contrived environments. Gehry is determined to resist that trend. Wander through his office today and it remains much as it once was. Models of various scales clutter the studios. Paper, cardboard, wood, plastic creations are constantly being torn apart and taped together again. There remains both a great beauty here and a strong sense of the violence of making things.

Jumbo-Arkitektur

Af Steen Estvad Petersen

*Arkitekten Frank O. Gehry
arbejder som en billedhugger
og former megaskulpturer af
metalplader på samme måde,
som man bygger jetfly.*

Jumbo-Architecture

By Steen Estvad Petersen

*The architect Frank O. Gehry
works as a sculptor, forming
megasculptures of sheet
metal in the same way as one
builds jet planes.*

Den californiske arkitekt Frank O. Gehry har opnået en verdensberømmelse, der kun bliver meget få arkitekter til del i levende live. Gehry har nået en sådan stjernestatus, at han aldrig mere behøver at bekymre sig om tegnestuens tilgang af arbejdsopgaver. De vælter ind fra hele verden.

Sidste sommer modtog han Friedrich Kiesler Prisen på en halv million kroner for "det mod og den absolutte ideologifrihed, hvormed han skaber sine bygninger". Prisen blev tildelt for Guggenheim Museet, som i oktober 1997 blev indviet i den nordspanske by Bilbao under stor mediebevågenhed fra hele verden.

Guggenheim Museet er et godt eksempel på, hvordan et spektakulært byggeri pludselig kan placere et udkantsområde på verdenskortet.

Baskernes hovedstad Bilbao var i slutningen af 80erne i så dyb krise, at der var fare for, om den overhovedet kunne overleve. Skibs- og

The Californian architect Frank O. Gehry has achieved world fame of a kind that few living architects experience. Gehry has won so much star status that he will never again need to worry about the flow of jobs to his studio. They come pouring in from all over the world.

Last summer he won the Friedrich Kiesler Prize, worth about £50,000, for "the courage and the absolute ideological freedom with which he creates his buildings". The prize was awarded for the Guggenheim Museum, which in October 1997 was inaugurated in the northern Spanish city of Bilbao to great media attention all over the world.

The Guggenheim Museum is a good example of how a spectacular building can suddenly put a peripheral area on the world map.

At the end of the eighties Bilbao, the capital of the Basques, was so deep in crisis that there was a risk that it might not survive at all. The

stålværfterne, som i mange år havde gjort den til et af Spaniens betyde-
ligste og rigeste industricentre, måtte lukke på grund af konkurrence
udefra. Arbejdsløsheden steg dramatisk, og de sociale problemer, der
fulgte i kølvandet på krisen, blev mere og mere uoverskuelige.

I stedet for at vente på bedre tider besluttede den baskiske regering
sig for at vende udviklingen så at sige ved at hive sig selv op ved hårrød-
derne. Politikerne lavede en ambitiøs plan, Bilbao 2005, som skulle gøre
byen til et højteknologisk og kulturelt kraftcenter i konkurrence med
blandt andre Barcelona, Milano og Lyon – og i erkendelse af, at inter-
nationale koncerner slår sig ned i byer, hvor kulturliv og infrastruktur er
stærke.

Planen gik i første omgang ud på at rydde op. Sværindustri og con-
tainerhavn, som lå midt inde i den gamle bydel langs floden Nervion, blev

shipyards and steelyards that had for many years made it one of Spain's
most important and wealthiest industrial centres had to close down
because of outside competition. Unemployment rose dramatically and the
social problems that followed in the wake of the crisis became more and
more unmanageable.

Instead of waiting for better times, the Basque administration decided
to turn the development around by, so to speak, pulling themselves up by
their bootstraps. The policy-makers drew up an ambitious plan, Bilbao
2005, that was to make the city into a powerhouse of high technology and
culture, competing with cities like Barcelona, Milan and Lyons – recogniz-
ing that international companies like to have bases in cities where the
cultural life and infrastructure are strong.

At first the plan was just a matter of clearing up. The heavy industry

GUGGENHEIM MUSEUM. BILBAO. 1991-1997

flyttet ud til flodmundingen ved Biscayen. Regeringen satsede 8 milliarder kroner blandt andet på en ny metro tegnet af den engelske arkitekt Norman Foster, et stort kongrescenter af de spanske arkitekter Soriano & Palacios, en ny banegård af englænderen Michael Wilford, et kontor- og forretningscenter af amerikaneren Cesar Pelli, en ny lufthavn af spanieren Santiago Calatrava og endelig et kunstmuseum af amerikaneren Frank O. Gehry, som allerede på skitsestadiet blev ikke så lidt af en verdensbegivenhed på grund af sit mildt sagt specielle formsprog.

Det var den stenrige Guggenheim Foundation, der sammen med den baskiske regering stod som bygherre for opførelsen af Bilbaos nye kunstmuseum. Regeringen betalte selve byggeriet, Guggenheim fik ansvaret for koncept og forvaltning.

Guggenheims dynamiske direktør Thomas Krens lagde hermed

and container harbour that lay in the midst of the old city along the River Nervion were moved to the estuary at the Bay of Biscay. The government invested about £800m – for example in a new metro designed by the English architect Norman Foster, a large congress centre by the Spanish architects Soriano & Palacios, a new railway station by the Englishman Michael Wilford, an office and shopping centre by the American Cesar Pelli, a new airport by the Spaniard Santiago Calatrava, and finally an art museum by the American Frank O. Gehry, which even at the sketch stage became something of a world event because of its – to put it mildly – distinctive architectural idiom.

The extremely wealthy Guggenheim Foundation was the client, along with the Basque administration, for the building of Bilbao's new art museum. The administration paid for the actual building,

endnu et monument til det internationale kunstimperium, hvis hovedsæde er Frank Lloyd Wrights karakteristiske museum på Fifth Avenue i New York med Guggenheim Museum SoHo i samme by tegnet af Arata Isozaki og Peggy Guggenheim Collection i Venedig.

Fonden ejer så enorme mængder af moderne kunst, at den kun er i stand til at udstille 8% af sine samlinger. Museet i Bilbao, der er på 24.000 kvadratmeter, kan derfor – sammen med en samling af lokal kunst – afhjælpe fondens permanente pladsmangel.

Frank O. Gehrys kunstmuseum er en byskulptur af hidtil usete dimensioner. Og hans vildtvoksende, organiske formsprog tåler sammenligning med de to spanske arkitekter Antoni Gaudí og Josep Puig i Cadafalch, hvis ekstreme ekspressionisme pryder Kataloniens og Baskerlandets storbyer.

Guggenheim was responsible for the concept and administration.

The Guggenheim's dynamic director, Thomas Krens, thus added yet another monument to the international art empire whose headquarter is Frank Lloyd Wright's characteristic museum on Fifth Avenue in New York, with the Guggenheim Museum SoHo in the same city, designed by Arata Isozaki, and the Peggy Guggenheim Collection in Venice.

The Foundation has such enormous quantities of modern art that it is only able to exhibit some 8% of its collections. The Museum in Bilbao, with an area of 24,000 square metres, can thus – along with a collection of local art – help to relieve the Foundation's permanent shortage of space.

Frank O. Gehry's art museum is an urban sculpture of hitherto unheard-of dimensions, and his free-ranging, organic idiom bears comparison with the works of the two Spanish architects Antoni Gaudí

GUGGENHEIM MUSEUM, BILBAO, 1991-1997

and Josep Puig i Cadafalch, whose extreme expressionism graces the big cities of Catalonia and the Basque Country.

But although the Spaniards have a tradition of highly dramatic architecture, the museum in Bilbao beats anything built hitherto on the Iberian Peninsula.

The museum lies in the middle of town on a quay surrounded by motorways, railway lines and closed-down industrial buildings. Like a giant metastasis it grows up from the underground and bristles in all directions.

The foundation consists of a set of irregular blocks grouped around a sunken main entrance leading into a central atrium. The atrium rises 50 metres in the air and is the actual power centre of the museum. The foundation blocks are faced with sandstone from a new quarry outside

Men selv om spanierne har en tradition for højspændt arkitektur, så overgår museet i Bilbao alt, hvad der hidtil er bygget på den iberiske halvø.

Museet ligger midt i byen på en kaj omgivet af motorveje, jernbaner og nedlagte industribygninger. Som en kæmpestor metastase vokser det op af undergrunden og stritter i alle retninger.

Fundamentet består af et sæt irregulære bygningskroppe, som grupperer sig omkring en forsænket hovedindgang, der fører ind til et centralt atrium. Atriet hæver sig 50 meter i vejret og er museets egentlige kraftcenter. Fundamentet er beklædt med sandsten fra et nyåbnet stenbrud uden for Granada.

Oven på fundamentet skyder organiske bygningskroppe beklædt med tynde titanplader op fra jorden og duver som sære undervandsgopler mod himlen.

GUGGENHEIM MUSEUM, BILBAO, 1991-1997

Den sydligste del af bygningen kryber ind under motorvejsbroen La Salve og afsluttes på den anden side af broen af et højt tårn, der ikke har noget indhold, men bliver kunstmuseets symbolske vartegn.

Titanpladerne ligger som fiskeskæl uden på et kompliceret gitterværk, hvis konstruktion er beregnet med en digital computerteknik hentet fra flyvemaskineproduktion. Programmet, der hedder CATIA, gav Frank O. Gehry helt nye muligheder for at følge projekteringen på tæt hold og konstant at ændre de forskellige bygningsdele i samråd med eksperter fra tegnestuen Skidmore, Owings & Merrill i Chicago, de baskiske bygherrer og Guggenheim Foundation.

Med CATIA-programmet blev stålkonstruktionens tolerance reduceret helt ned til 2 millimeter, samtidig med at titanpladernes tykkelse kunne reduceres til 0,38 millimeter.

Granada. Above the foundation, organic blocks clad with thin titanium panels project up from the ground and float like strange jellyfish against the sky. The southernmost part of the building crawls in under the motorway bridge La Salve and ends on the other side of the bridge in a tall tower which has no content but will be the symbolic trademark of the new museum.

The titanium sheets lie like fish scales outside complex latticework, the construction of which has been calculated with a digital computer technique taken from aircraft production.

The programme, which is called CATIA, gave Frank O. Gehry brand new ways of following the project planning at close quarters and constantly changing the various parts of the building in consultation with experts from the office of Skidmore, Owings & Merrill in Chicago,

Hver enkelt plade er ikke større end 40 x 25 centimeter og ligger som krøllet hud uden på bygningen. Titan, der er et grundstof, brydes i Rusland, valses til plader i USA og tilskæres i Italien, før det notes sammen på stålribber, der sammen med fundamentet i støbt beton danner bygningens bærende skelet.

Pladerne har en sølvagtig tekstur, der minder om frysefolie, og spejler himmellyset, så bygningen changerer fra solopgang til solnedgang. Den er gylden, rød, dybblå og grå alt efter det konstant skiftende vejrlig ved Biscayabugten. Effekten er totalt overrumplende. Det føles som at bevæge sig rundt i en af Piranesis arkitekturfantasier.

Frank O. Gehry har overalt i dette hus arbejdet med modsætninger. Fra regulære kvadratiske eller rektangulære rum kommer man ind i runde eller ovale gallerier med konkave og konvekse vægge. Det enorme

the Basque clients and the Guggenheim Foundation. With the CATIA programme the tolerance of the steel construction was reduced to as low as 2 mm, while the thickness of the titanium sheet could be reduced to 0.38 mm.

Each sheet is no larger than 40 x 25 cm, and they lie like crinkled skin on the outside of the building. Titanium, which is a metallic element, is mined in Russia, rolled into sheets in the USA and cut in Italy before being slotted together on steel ribs, which along with the foundation in cast concrete form the bearing skeleton of the building.

The sheets have a silver-like texture that recalls freezer wrap and reflects the light of the sky so that the building changes colour from sunrise to sunset. It is golden, red, deep blue and grey depending on the constantly shifting weather at the Bay of Biscay. The effect is quite

atrium hæver sig som en gotisk katedral op gennem bygningen og om-spændes af beton, stål, titan, elevatortårne, gangbroer og ovenlys i vild forvirring. Sammen med La Salve-broen, motorvejene, floden og jernba-nen, der indgår som en integreret del af arkitekturen, er Gehrys museum en rytmisk totalkomposition, et sansebombardement, der alt efter tempe-rament og smag kan opleves som et mirakel eller et mareridt.

Byggeriets størrelse alene minder om Antoni Gaudís endnu ufuld-endte katedral Sagrada Familia i Barcelona. Forskellen er blot, at museet i Bilbao er færdigbygget og allerede nu et stykke begivenhedsarkitektur eller en vanvittig vision, som trækker opmærksomheden fra hele verden til Bilbao.

Gehrys bygning har opnået samme reklameeffekt for Bilbao, som Jørn Utzons operahus har fået for Sydney og hele det australske konti-

astonishing. It feels like moving around in one of Piranesi's architectural fantasies.

Everywhere in this museum Frank O. Gehry has worked with contrasts. From regular quadratic or rectangular spaces one comes into circular or oval galleries with concave and convex walls. The enormous atrium towers up through the building like a Gothic cathedral and is spanned by concrete, steel, titanium, elevator shafts, walkways and sky-lights in wild confusion. Along with the La Salve bridge, the motorways, the river and the railway, which are integrated into the architecture, Gehry's museum is a total rhythmic composition, a bombardment of the senses which, depending on temperament and taste, can be experienced as a miracle or as a nightmare.

The size of the construction alone recalls Antoni Gaudí's still unfin-

nent. Bilbao er på kort tid blevet synonym med Gehrys museum. Og mon ikke det var netop den forventning, den baskiske regering og Guggenheim Foundation nærede til Gehry, da de overlod ham den store opgave?

Sammen med Calatravas lufthavn og Norman Fosters smukke high-tech-metro i beton, glas og rustfrit stål ser man i Bilbao begyndelsen til en storby, der langsomt, men determineret kommer på benene efter en recession, der truede med at gøre den til industrielt slum.

For den baskiske befolkning er Frank O. Gehrys bygning blevet et nationalt symbol på livsvilje og overlevelseskraft.

Med Guggenheim Museet i Bilbao er Gehrys stjernestatus slået fast med syvtommersøm. Blot ikke i hans hjemby Los Angeles, som ellers mere end noget andet sted er den by, som har betydet mest for den arbejdsmetode, der har gjort ham berømt.

ished Sagrada Familia cathedral in Barcelona. The difference is simply that the museum in Bilbao is finished and is already a piece of "event" architecture or a crazy vision that attracts the attention of the whole world to Bilbao.

Gehry's building has achieved the same advertising effect for Bilbao as Jørn Utzon's opera house has for Sydney and the whole Australian continent. In no time at all Bilbao has become synonymous with Gehry's museum. And surely that was exactly what the Basque administration and the Guggenheim Foundation anticipated from Gehry when they entrusted him with the great task?

Along with Calatrava's airport and Norman Foster's beautiful high-tech metro in concrete, glass and stainless steel, we see in Bilbao the beginning of a city that is slowly but determinedly getting on its

THE AMERICAN CENTER, PARIS, 1988-1994

feet after a recession that threatened to make it an industrial slum.

For the Basque population Frank O. Gehry's building has become a national symbol of the will to live and the power to survive.

With the Guggenheim Museum in Bilbao Gehry's star status has been hammered home with a vengeance – except in his home city of Los Angeles, the city that has meant more than any other for the working method that has made him famous.

As far back as the seventies, the uncontrolled growth of the metropolis and the uncritical use of discount materials inspired Gehry to build architectural collages of chicken wire, plywood and zinc plate.

Quality craftsmanship quite simply did not exist for miles around, so Gehry quickly realized that he might as well use the materials and the assembly technique that were available. At the same time he made

Metropolens ukontrollerede vækst og den kritikløse brug af discountmaterialer inspirerede helt tilbage i 70erne Gehry til at bygge arkitektoniske collager af hønsetråd, krydsfiner og zinkplader.

Kvalitetshåndværk fandtes ganske enkelt ikke i miles omkreds, så Gehry indså hurtigt, at han lige så godt kunne bruge de materialer og den montageteknik, der var for hånden. Samtidig blev han ven med kunstnere som Ron Davis, Robert Rauschenberg, Jasper Johns og Richard Serra, som skabte deres kunst ved hjælp af junkmaterialer.

Det inspirerede Gehry til at skabe en helt ny arkitektur, der var prisbillig, hurtig, og som fuldstændig brød med datidens æstetiske normer. Han besøgte en stor trådfabrik og opdagede, at de på en time producerede hønsetråd nok til at indhegne samtlige motorveje i Californien, og han tilbød dem en mere bevidst formgivning af deres produkter.

friends with artists like Ron Davis, Robert Rauschenberg, Jasper Johns and Richard Serra, who created their art with the aid of junk material.

This inspired Gehry to create a brand new type of architecture that was inexpensive and quick, and broke completely with the aesthetic norms of the day.

He visited a big wire factory and discovered that in an hour they produced enough chicken wire to fence in all the freeways in California, and offered them a more conscious design concept for their products.

But they were not the least interested in this. They could easily sell all they produced and refused any attempt to make their product more beautiful or more functional.

This experience was a turning-point for Gehry. He began building houses for his artist friends with all the cheap, mass-produced mate-

Men det var de overhovedet ikke interesserede i. De kunne sagtens afsætte alt, hvad de producerede, og afslog ethvert forsøg på at gøre deres produkt smukkere eller mere funktionelt.

Den oplevelse betød et vendepunkt for Gehry. Han begyndte at bygge huse for sine kunstnervenner af alle de prisbillige og masseproducerede materialer, som enhver kunne købe i byens byggemarkeder.

Dermed var grunden til hans berømmelse lagt. Husene vakte opsigt. Naboerne protesterede, og medierne fik øjnene op for den "nye" brug af ståltråd, zinkplader, krydsfiner og bølgepap.

Denne oplagte brug af nutidige materialer og produktionsteknikker har Gehry senere udviklet og forædlet i en række markante byggerier – ikke mindst i Europa – med Guggenheim Museet i Bilbao som foreløbig kulmination.

rials that anyone could buy in the city's do-it-yourself marts.

And the basis of his fame had been laid. The houses aroused attention. The neighbours protested, and the media had their eyes opened to the "new" use of steel wire, zinc plate, plywood and corrugated cardboard.

Gehry later developed and refined this obvious use of contemporary materials and production techniques in a series of striking building projects – not least in Europe – with the Guggenheim Museum in Bilbao as the culmination so far.

But Gehry's special way of working requires clients who have the patience of angels. Guggenheim director Thomas Krens and the Basque authorities realized this quickly. During Gehry's first visit to Bilbao he rejected the site the city had marked out for the new museum. Gehry

THE AMERICAN CENTER, PARIS, 1988-1994

Gehrys specielle arbejdsform kræver bygherrer, der har en engle-blid tålmodighed. Det indså Guggenheims direktør Thomas Krens og de baskiske myndigheder hurtigt. Under Gehrys første besøg i Bilbao kasse-rede han den grund, som byen havde udpeget til det nye museum. Gehry ønskede en beliggenhed på de gamle industriarealer ved flodløbet midt i byen og fik den øjeblikkelig.

Men Krens kan konkludere, at viser man Gehry ubegrænset tillid og tålmodighed, så ender man – som tilfældet er det i Bilbao – med en byg-ning, der betegner det største, som overhovedet er skabt i det tyvende århundrede. Og hvad betyder så besværet med tilblivelsen?

Gehrys arbejdsmetode skræmmer traditionelt tænkende bygherrer, som ikke forstår hans evindelige afsøgen af grænser og nye udtryksfor-mer. Ikke kun hans rastløse arbejdsform, men også hans plastiske,

wanted a location in the old industrial areas by the course of the river in the middle of town, and was given it immediately.

But Krens can conclude that if you show Gehry unqualified confidence and patience, you end up – as in Bilbao – with a building that represents the greatest architecture created in the twentieth century. So what does a little bother with its genesis matter?

Gehry's approach to the work scares conventionally-thinking clients, who do not understand his perpetual exploration of limits and his new expressive idioms. Not only do his restless way of working and his sculptural, metal-clad buildings break with all conventions; at the same time they are so aesthetically surprising that, time and time again, both colleagues and critics are won over.

He is never finished with a project, and works until the final phase

metalbeklædte bygninger bryder med alle konventioner. Men de er samtidig så æstetisk overrumplende, at både kolleger og kritikere gang på gang overgiver sig.

Han bliver aldrig færdig med et projekt og arbejder til sidste fase med ændringer. Alt foregår i modelform. På sin tegnestue har han en stab af modelbyggere, som hele tiden justerer og ændrer på projekter efter Gehrys indfald.

Han hader skærmarbejde og kalder sig selv for en teknologisk analfabet, men han ejer samtidig en af verdens mest avancerede datategnestuer, der under hele projekteringsforløbet kan beregne, ændre og visualisere Gehrys ideer.

Uden datalogi ville hans visioner være en umulighed og desuden være ubetalelige. Men netop ved brugen af flyindustriens teknologi kan

on changes. Everything is done in model form. At his studio he has a staff of model-builders, who are always adjusting and altering projects to suit Gehry's new ideas.

He hates on-screen work and calls himself a technological illiterate, but at the same time he has one of the world's most sophisticated computerized offices, which throughout the course of the project can calculate, change and visualize Gehry's ideas.

Without data processing his visions would be impossible – as well as unaffordable. But precisely by using the technology of the aircraft industry, the drawing-office can compute every single detail to an accuracy of a millimetre. The "nerds" at Gehry's studio supplied cutting programmes for the silken sheath of sheet metal that is one of his hallmarks.

Gehry is enthusiastic about metal-clad facades in either copper, zinc

tegnestuen beregne hver eneste detalje med millimeters nøjagtighed. Nørderne på Gehrys tegnestue leverede skæreprogrammer til den silkehud af metalplader, som er et af hans kendetegn.

Gehrys begejstring for metalbeklædte facader i enten kobber, zink eller titanium skyldes ikke kun, at de reflekterer himmellyset og hele tiden ændrer farve og tekstur, men også at han dermed undgår traditionelle bygninger, hvor vægge er én ting og tagkonstruktioner en anden. Med metalplader kan han forme sine bygninger som enorme, plastiske kompositioner, hvor facaderne glider umærkeligt over i taget helt uden de gesimser, afløb og materialeskift, vi ser på traditionelle bygninger. Derfor kan Gehry forme sine organiske bygninger som en ubrudt bevægelse, der som en blanding af scenografi og koreografi påvirker og provokerer de urbane sammenhænge, de indgår i.

or titanium, not only because they reflect the light of the sky and constantly change in colour and texture, but also because he thus avoids traditional buildings where walls are one thing and roof structures something else. With sheet metal he can form his buildings as enormous, sculptural compositions where the facades glide imperceptibly over into the roof without the cornices, drains and changes in material we see on traditional buildings. This way Gehry can shape his organic buildings in one uninterrupted movement which, like a mixture of stage design and choreography, influences and provokes the urban setting of which it forms a part.

The materials, along with the forms, make Gehry's architecture change in relation to the hours of the day.

It is "great" architecture in perpetual motion – revolutionary

Materialerne får sammen med formerne Gehrys arkitektur til at changere i forhold til døgnets timer.

Det er "stor" arkitektur i evig bevægelse – revolutionerende åbenbaringer, der ændrer sig fra minut til minut, og som umiddelbart appellerer til alle mennesker.

Gehry har i et interview udtalt, at hans arkitektur skal være folkelig og let tilgængelig. Han skriver ingen dybsindige og teoretiske artikler i arkitekturmagasinerne, hvor han begrunder eller forsvarer en aktuel isme eller sin egen formverden. Han fremhæver, at der er noget ved dynamik og kaos, som tiltaler ham. Og at netop det arkitektoniske anarki i Los Angeles har været den helt store inspiration i hans karriere.

Det interessante er, at Gehry ved hjælp af modelbyggeri og datalogi kan forme sin plasticitet over ganske spinkle stålkonstruktioner. De ser

FREDERICK R. WEISMAN MUSEUM, MINNEAPOLIS, 1991-1993

ENERGIE-FORUM-INNOVATION EMR, BAD OEYNHAUSEN, 1992-1995

revelations that are transformed from minute to minute and have an immediate appeal for everyone.

In an interview Gehry has said that his architecture must have a broad popular appeal and must be easily accessible. He writes no profound theoretical articles in the architectural journals, justifying or defending a current -ism or his own world of form. He states that there is something about dynamism and chaos that attracts him; and that precisely the architectural anarchy in Los Angeles has been the great inspiration of his career.

The interesting thing is that Gehry, with the aid of model-building and computers, can mould his plasticity over very delicate steel structures. They look as if they weigh tons, but are really very light. For example, if you knock on one of the walls of the Guggenheim Museum to get an idea

tonstunge ud, men er ganske lette. Hvis man for eksempel banker på en af væggene i Guggenheim Museet for at fornemme akustikken, så lyder det som at slå på en tom skotøjsæske. De dramatisk kurvede vægge er sprøjtet på gittervæv med gips og er relativt spinkle, selv om de visuelt sender helt andre signaler om massivitet.

Hermed ophæver han tyngdekraften og flytter vores opfattelse af én gang vedtagne værdinormer i nyere arkitektur.

Frank O. Gehry er en udpræget enspænder og måske den eneste nulevende arkitekt, der fuldstændig har formået at eliminere grænserne mellem bygnings- og billedkunst.

of the acoustics, it sounds like hitting an empty shoe-box. The dramatically curved walls are sprayed on latticework with plaster and are relatively fragile, although visually they send out quite different signals of solidity.

Thus he defies gravity and shifts our perceptions of the adopted norms of recent architecture.

Frank O. Gehry is a decided loner and perhaps the only living architect who has been fully able to eliminate the boundaries between architecture and visual arts.

Translated by James Manley

Udvalgte projekter
og bygninger

Selected Projects
and Buildings

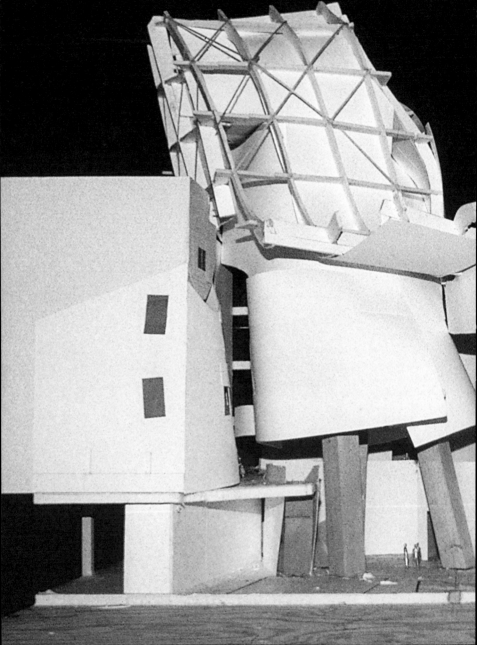

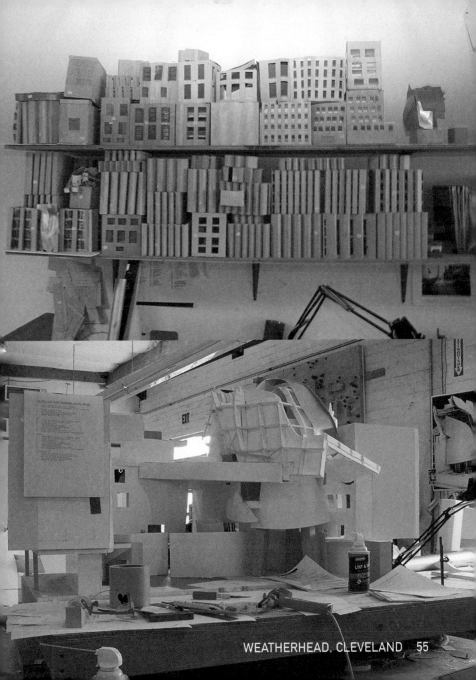

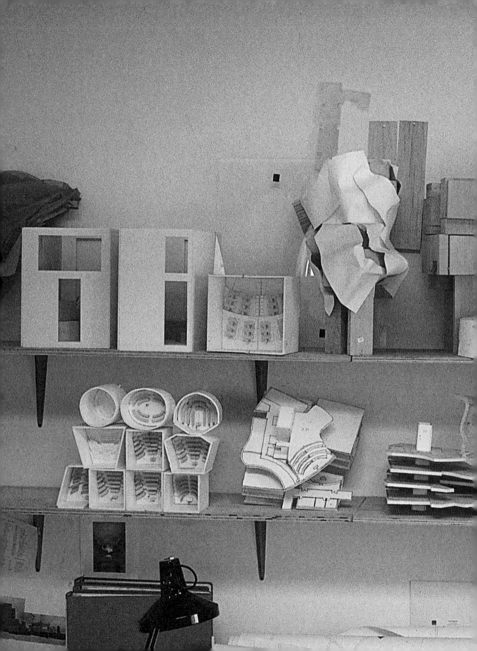

WEATHERHEAD, CLEVELAND 59

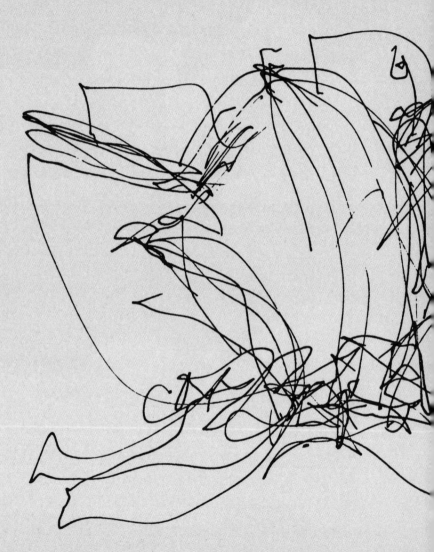

DENNY HAN MAY '91

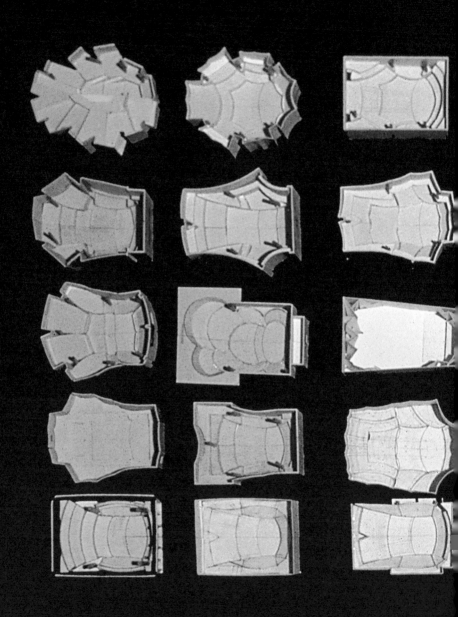

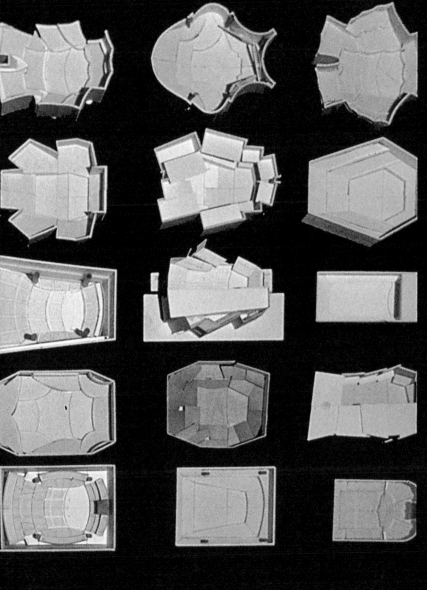

WALT DISNEY CONCERT HALL, LOS ANGELES 67

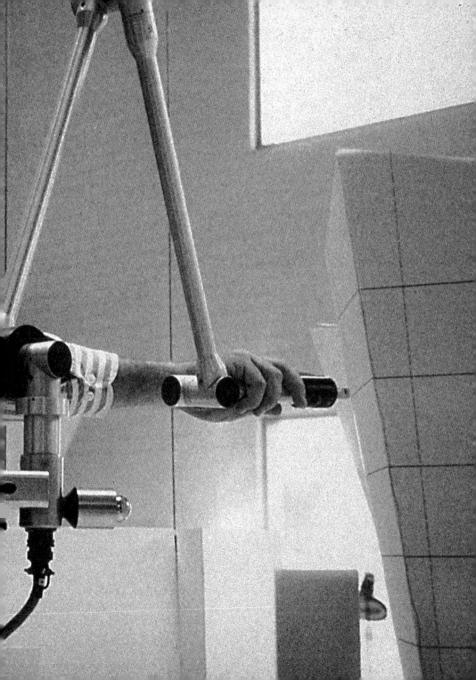

DG BANK, BERLIN   77

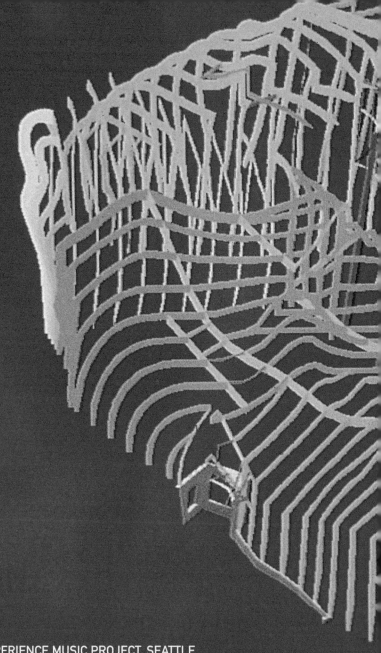

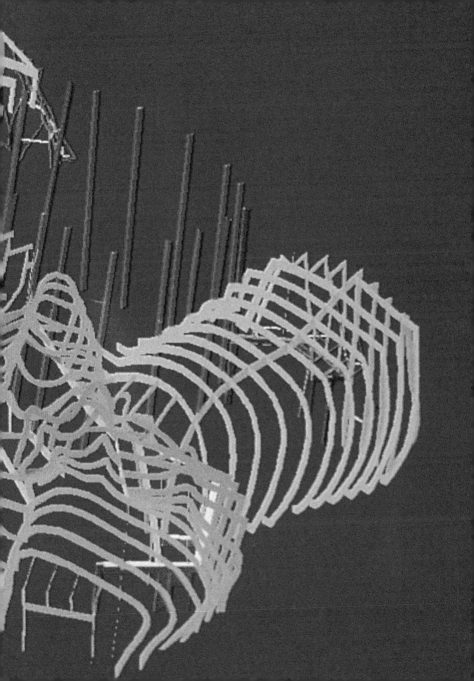

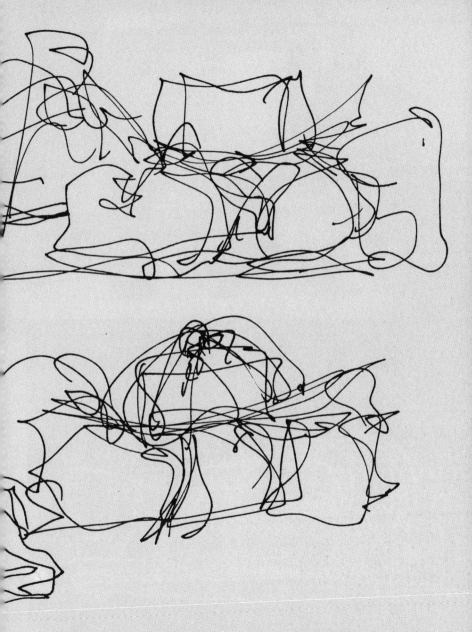

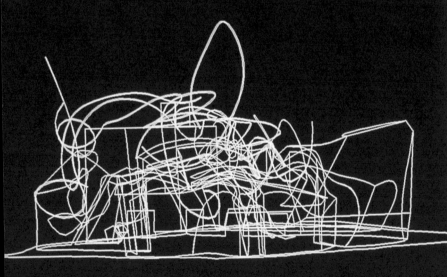

FILE
READ
WRITE
COPY
DELET
MOVE
RENA
CREAT
CALL
COMME
KEYBO
EXIT

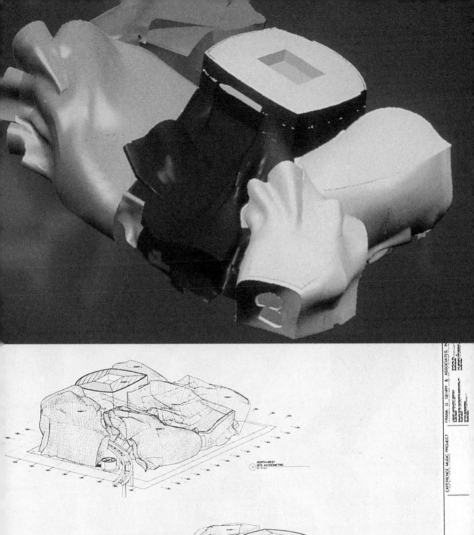

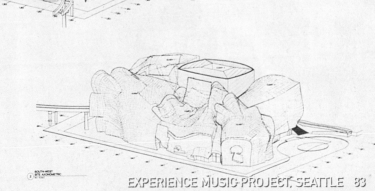

EXPERIENCE MUSIC PROJECT, SEATTLE   83

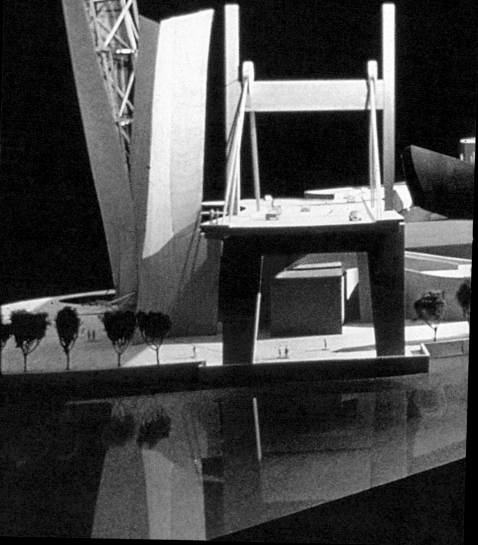

GUGGENHEIM MUSEUM, BILBAO   95

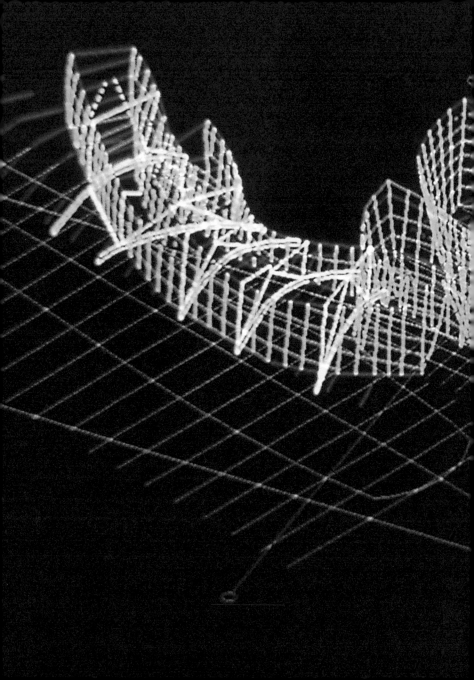

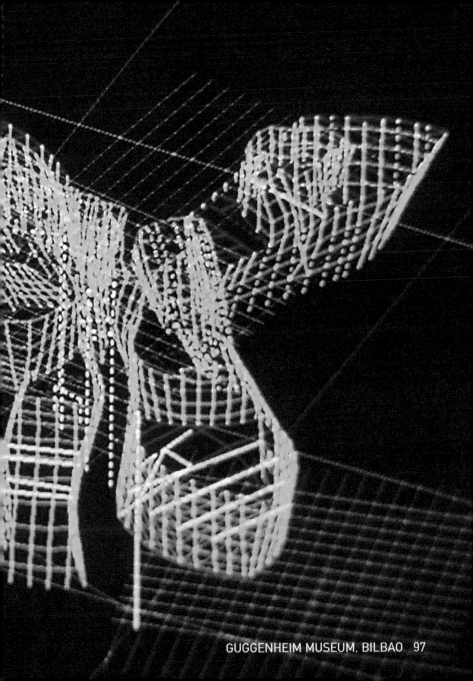

GUGGENHEIM MUSEUM, BILBAO 97

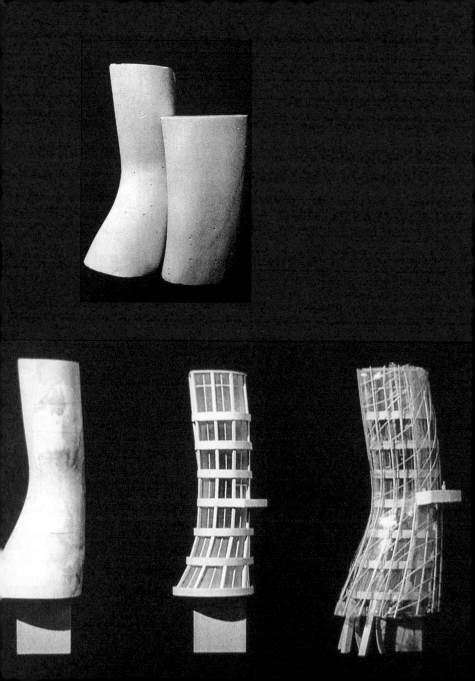

NATIONALE-NEDERLANDEN, PRAG/PRAGUE 101

NATIONALE-NEDERLANDEN, PRAG/PRAGUE 103

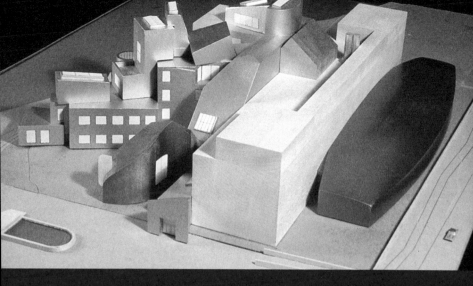

IOWA UNIVERSITY LABORATORIES BUILDING, IOWA   109

110 VITRA INTERNATIONAL AG, BASEL

Barony Toolwe.
RPR. SCALO.

Vitra Offices.

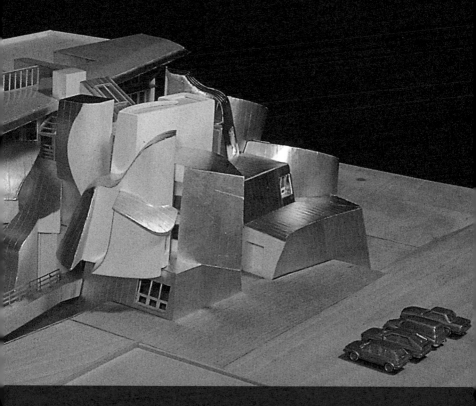

VITRA INTERNATIONAL AG, BASEL 115

Værkfortegnelse

List of Works

HUS TIL BOB BENSON
Calabasas, Californien, USA
Påbegyndt 1981
Færdiggjort 1984

BENSON HOUSE
Calabasas, California, USA
Started 1981
Completed 1984

HUS TIL FAMILIEN SIRMAI-PETERSON
Thousand Oaks, Californien, USA
Påbegyndt 1983
Færdiggjort 1986

SIRMAI-PETERSON HOUSE
Thousand Oaks, California, USA
Started 1983
Completed 1986

FERIELEJR "CAMP GOOD TIMES"
I samarbejde med Claes Oldenburg og
Coosje van Bruggen
Santa Monica Mountains, Californien, USA
Påbegyndt 1984
Ikke realiseret

CAMP GOOD TIMES
In collaboration with Claes Oldenburg and
Coosje van Bruggen
Santa Monica Mountains, California, USA
Started 1984
Never realized

VITRA DESIGN MUSEUM
Weil am Rhein, Tyskland
Påbegyndt 1987
Færdiggjort 1989

VITRA DESIGN MUSEUM
Weil am Rhein, Germany
Started 1987
Completed 1989

LABORATORIEBYGNING TIL
IOWA UNIVERSITY
Iowa City, Iowa, USA
Påbegyndt 1987
Færdiggjort 1993

IOWA UNIVERSITY LABORATORIES
BUILDING
Iowa City, Iowa, USA
Started 1987
Completed 1993

THE AMERICAN CENTER
Paris, Frankrig
Påbegyndt 1988
Færdiggjort 1994

THE AMERICAN CENTER
Paris, France
Started 1988
Completed 1994

HOVEDSÆDE FOR VITRA
INTERNATIONAL AG
Basel, Schweiz
Påbegyndt 1988
Færdiggjort 1994

HEADQUARTERS FOR VITRA
INTERNATIONAL AG
Basel, Switzerland
Started 1988
Completed 1994

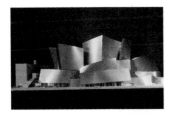

WALT DISNEY KONCERTSAL
Los Angeles, Californien, USA
Påbegyndt 1989
Under opførelse

WALT DISNEY CONCERT HALL
Los Angeles, California, USA
Started 1989
Under construction

MONUMENTALSKULPTUR TIL DEN
OLYMPISKE BY
Barcelona, Spanien
Påbegyndt 1989
Færdiggjort 1992

OLYMPIC VILLAGE MONUMENTAL
SCULPTURE
Barcelona, Spain
Started 1989
Completed 1992

GUGGENHEIM MUSEUM
Bilbao, Spanien
Påbegyndt 1991
Færdiggjort 1997

GUGGENHEIM MUSEUM
Bilbao, Spain
Started 1991
Completed 1997

KONTORBYGNING TIL
NATIONALE-NEDERLANDEN
Prag, Tjekkiet
Påbegyndt 1992
Færdiggjort 1995

OFFICE BUILDING FOR
NATIONALE-NEDERLANDEN
Prague, Czech Republic
Started 1992
Completed 1995

EXPERIENCE MUSIC PROJECT
Seattle, Washington, USA
Påbegyndt 1995
Under opførelse

EXPERIENCE MUSIC PROJECT
Seattle, Washington, USA
Started 1995
Under construction

HOVEDSÆDE FOR DG BANK
Berlin, Tyskland
Påbegyndt 1995
Under opførelse

HEADQUARTERS FOR THE DG BANK
Berlin, Germany
Started 1995
Under construction

**PETER B. LEWIS CAMPUS PÅ
WEATHERHEAD SCHOOL OF
MANAGEMENT VED CASE WESTERN
RESERVE UNIVERSITY**
Cleveland, Ohio, USA
Påbegyndt 1996

PETER B. LEWIS CAMPUS OF THE
WEATHERHEAD SCHOOL OF
MANAGEMENT AT CASE WESTERN
RESERVE UNIVERSITY
Cleveland, Ohio, USA
Started 1996

**BARD COLLEGE CENTER
FOR THE PERFORMING ARTS**
Annandale-On-Hudson, New York, USA
Påbegyndt 1996

BARD COLLEGE CENTER
FOR THE PERFORMING ARTS
Annandale-On-Hudson, New York, USA
Started 1996

Biografi

Biography

1929	Født den 28. februar i Toronto, Canada
1947	Flyttede til Los Angeles
1953-61	På tegnestue hos arkitekterne Victor Gruen og Pereira & Luckman i Los Angeles samt hos André Rémondet i Paris
1954	Bachelor i arkitektur fra University of Southern California
1956-57	Studerede byplanlægning på Harvard University Graduate School of Design
1962	Grundlagde sit eget firma, Frank O. Gehry & Associates, Inc., i Los Angeles
1972-73	Ekstern lektor ved University of Southern California
1974	Valgt til College of Fellows af The American Institute of Architects (A.I.A.)

1929	Born on February 28 in Toronto, Canada
1947	Moved to Los Angeles
1953-61	Apprentice with architects Victor Gruen and Pereira & Luckman in Los Angeles and with André Rémondet in Paris
1954	Bachelor of Architecture degree from the University of Southern California
1956-57	Studied City Planning at Harvard University Graduate School of Design
1962	Founded his own firm Frank O. Gehry & Associates, Inc. in Los Angeles
1972-73	Assistant Professor at the University of Southern California

1976	Censor ved Rice University
1977	Tildelt The Arnold W. Brunner Memorial Prize in Architecture af The American Academy of Arts and Letters
1977-79	Censor ved University of California
1979	The William Bishop Chair ved Yale University
1982	Charlotte Davenport-professoratet i arkitektur ved Yale University
1983	Censor ved Harvard University
1984	The Eliot Noyes Chair ved Harvard University
1985	Charlotte Davenport-professoratet i arkitektur ved Yale University

1974	Elected to the College of Fellows of the American Institute of Architects (A.I.A.)
1976	Visiting critic at Rice University
1977	Recipient of the Arnold W. Brunner Memorial Prize in Architecture from the American Academy of Arts and Letters
1977-79	Visiting critic at the University of California
1979	The William Bishop Chair at Yale University
1982	The Charlotte Davenport Professorship in Architecture at Yale University
1983	Visiting critic at Harvard University
1984	The Eliot Noyes Chair at Harvard University

1986	En stor retrospektiv udstilling blev arrangeret af Walker Art Center i Minneapolis og blev efterfølgende vist i Atlanta, Houston, Toronto, Los Angeles og på Whitney Museum of American Art i New York
1987	Medlem af The American Academy of Arts and Letters
1987-89	Charlotte Davenport-professoratet i arkitektur ved Yale University
1988-89	Ekstern lektor ved University of California
1989	Tildelt The Pritzker Architecture Prize Medlem af bestyrelsen ved The American Academy i Rom
1991	Medlem af The American Academy of Arts and Sciences

1985	The Charlotte Davenport Professorship in Architecture at Yale University
1986	A major retrospective exhibition was organized by the Walker Art Center in Minneapolis and travelled on to Atlanta, Houston, Toronto and Los Angeles, ending at the Whitney Museum of American Art in New York
1987	Fellow of the American Academy of Arts and Letters
1987-89	The Charlotte Davenport Professorship in Architecture at Yale University
1988-89	Assistant Professor at the University of California
1989	Recipient of the Pritzker Architecture Prize Trustee of the American Academy in Rome
1991	Fellow of the American Academy of Arts and Sciences

1992	Tildelt The Wolf Prize in Art (arkitektur) Tildelt The Praemium Imperiale Award in Architecture af The Japan Art Association
1994	Tildelt The Dorothy and Lillian Gish Award for livsvarig indsats for kunsten Medlem af The National Academy of Design
1996-97	Gæsteforsker ved Eidgenössische Technische Hochschule i Zürich
1997	Tildelt The Friedrich Kiesler Prize Æreskonsul i Bilbao
1998	Æresmedlem af The Royal Academy of Arts Gæsteprofessor ved University of California Tildelt guldmedalje ved Royal Architectural Institute of Canada

1992	Recipient of the Wolf Prize in Art (Architecture) Recipient of the Praemium Imperiale Award in Architecture by the Japan Art Association
1994	Recipient of the Dorothy and Lillian Gish Award for lifetime contribution to the arts Recipient of the title of Academician by the National Academy of Design
1996-97	Visiting Scholar at the Federal Institute of Technology in Zürich
1997	Recipient of the Friedrich Kiesler Prize Honorary Consul of the City of Bilbao
1998	Honorary Academician at the Royal Academy of Arts Visiting Professor at the University of California Recipient of the Gold Medal at the Royal Architectural Institute of Canada

Gehry er æresdoktor ved Occidental College, Whittier College, California College of Arts and Crafts, Technical University of Nova Scotia, Rhode Island School of Design, California Institute of Arts, Southern California Institute of Architecture og Otis Art Institute ved Parsons School of Design.

Gehry has received honorary doctoral degrees from the Occidental College, the Whittier College, the California College of Arts and Crafts, the Technical University of Nova Scotia, the Rhode Island School of Design, the California Institute of Arts, the Southern California Institute of Architecture, and the Otis Art Institute at Parsons School of Design.